AF332649

Ph. de Champagne pinxit
C. du Flos Sculpsit
Sancta Genovefa
Urbis et Regni Patrona.
a Paris
Chez Urb. Coustelier
Rue St. Jacques
au Coeur bon

STATUTS

ET

REGLEMENS

DE

LA COMPAGNIE

DE

MESSIEURS

LES PORTEURS DE LA CHASSE

DE

SAINTE GENEVIEVE.

A PARIS,

Imprimez aux dépens de la Compagnie.

M. DCC. XXXI.

STATUTS
ET
REGLEMENS

TIREZ ET EXTRAITS DES ANCIENS,

Qui ont été approuvez, accordez & signez par le Reverendissime Abbé & Chanoines Réguliers de l'Abbaye Royale de sainte Geneviéve du Mont de Paris, dès le troisiéme jour de Janvier de l'année 1527. Et depuis vûs par les soussignez qui en ont permis l'éxecution.

E N l'honneur de Dieu le Créateur du Ciel & de la terre, de la très-sainte Vierge Marie, & de la glorieuse sainte Géneviéve Patrone de Paris en particulier, & de toute la France en général, a été fondée & instituée la Compagnie des Porteurs de la Châsse de sainte Géneviéve en son

A ij

Eglise du Mont de Paris, l'an de grace 1525.

Ensuivent les Reglemens desdits Confreres extraits des anciens Reglemens, & réduits en la maniere qui ensuit, & ce du consentement de Messieurs les Abbé & Chanoines Réguliers de l'Abbaye Royale de sainte Géneviéve, & desdits Confreres.

RENOUVELLEMENT
DES STATUTS
ET
REGLEMENS
DE MESSIEURS
LES PORTEURS DE LA CHASSE
DE SAINTE GENEVIEVE
AU NOMBRE DE QUARANTE.

ARTICLE PREMIER.

QUe toutes personnes estimées capables d'entrer du nombre de cette célebre Compagnie, doit être natif de la ville de Paris, & le justifier par son Extrait Baptistaire, d'âge competent, Marchand des Six Corps, & être sans aucun reproche, de bonne vie & mœurs, marié ou non.

I I.

Lorfqu'il fe préfentera de nouveaux Sujets qui auront la dévotion d'entrer dans la Compagnie, l'on s'adreffera à Meffieurs les Maîtres en charge, qui en feront leur rapport à ladite Compagnie, mais particulierement à Monfieur le Doyen, à qui ils feront préfentez par Meffieurs les Maîtres en charge, & après conduits par les Maîtres, accompagnez de quelques-uns de Meffieurs les Anciens, pour leur fervir de Conducteurs, pour aller demander l'agrément de ladite Compagnie chez eux en particulier, & prendre le jour de leurs réceptions, qui fera un Dimanche, où Meffieurs les Maîtres en charge prendront la peine de faire imprimer de Billets pour fe trouver à la Meffe dans la Chapelle de ladite Compagnie, où toute la Compagnie fe trouvera, lorfqu'ils auront été avertis par ce Billet; & après la Meffe, la Compagnie fe tranfportera dans la Salle de l'Abbaye deftinée pour les Affemblées de ladite Compagnie, & où étant arrivez, l'on dira à toute l'Affemblée, que le fujet pour lequel on eft affemblé, eft pour fçavoir de toute la Compagnie fi ils font tous pleinement inftruits des vie & mœurs des Sujets, ou du Sujet propofé; & fi l'on n'a rien appris dans les informations qui en ont été faites par Meffieurs les Maîtres en charge; s'il n'y a rien à redire fur leurs vie & mœurs, & s'ils font natifs de la ville de Paris , ce qui fera juſtifié par leurs Extraits Baptiſtaires, dont M.ʳˢ les Maîtres en charge feront Porteurs pour lors , puis feront prefentez à Monſieur le Doyen , enfuite à la Compagnie par les deux Maîtres en charge en manteau & en rabat ; & là ils fe mettront à genoux aux pieds de Monſieur le Doyen, à qui ils prêteront ferment de la Foi & Religion Catholique , Apoſtolique & Romaine , la main droite poſée fur le Crucifix & fur l'Evangile tenus par ledit Sieur Doyen , & ils promettront à Dieu de vivre & mourir dans ladite Religion, d'obferver les Statuts & Reglemens de ladite Compagnie , de porter la Châſſe de fainte Géneviéve tête & pieds nuds.

I I I.

Que tous Confreres n'auront voix active & paffive que trois ans après leur réception.

I V.

Les nouveaux reçûs mettront entre les mains des Sieurs Maîtres en charge le Préfent convenu , qui fera d'une fomme honnête , avant la réception, qui fera employée pour les Services, Ornemens, décoration & entretien du Service & de la Chapelle , & autres frais fujets à la dite Compagnie.

V.

Les Maîtres en charge de ladite Compagnie, qui auront le foin de toutes les chofes néceffaires , fe-

ront faits ; fçavoir , un des feize plus anciens Porteurs , & un des vingt-quatre Attendans alternati-
vement les uns après les autres , felon leur rang de
réception ; un Porteur une année , & un Attendant
l'année fuivante, fans faire aucune élection, fuivant
le Tableau.

V I.

Les Enfans des Porteurs & Attendans qui fe pré-
fenteront du vivant de leur Pere , ou dans le cours
de l'année de leur déceds , feront préférez avant
tous autres, pourvu qu'ils ayent l'âge competent ,
en payant demi droit, & faifant le devoir comme il
eft dit ci-devant.

V I I.

Les anciens Confreres, qui feront des feize Porteurs , auront feuls le droit de préfenter à la Compagnie , conjointement avec les Maîtres en charge , toutes les perfonnes approuvées par ladite Compagnie pour être reçûës à remplir les Places vacan-
tes , lorfqu'il y en aura , foit par le déceds des Confreres ou autrement.

V I I I.

En tel tems de l'année qu'il fe trouvera des Sujets dignes & capables d'entrer dans la Compagnie ,
avec toutes les qualitez requifes, ils feront bien reçûs.

I X.

Lorfqu'il arrivera que quelque Confrere de la
Compagnie tombera dangereufement malade , les

Parens pourront envoyer des Billets de Recommandations de Prieres au R. P. Tréforier de l'Abbaye de fainte Géneviéve, qui a foin de la Sacriftie, & auffi aux autres Sacrifties, pour recommander le Malade aux Prieres qui fe font à l'Eglife, & lorfqu'il fera en état de recevoir le Viatique, les Confreres prochains, en étant invitez, y affifteront fi faire fe peut.

X.

Lorfqu'il arrivera le déceds d'un Confrere, toute la Compagnie fera obligée de fe trouver en fa maifon en manteau & rabat, lorfqu'ils en auront été avertis par leur Clerc, où il fera fait un appel par les Sieurs Maîtres en charge, & fera diftribué par le Sieur Comptable à chacun defdits Sieurs qui s'y trouveront, un droit de préfence qui fera du double des autres Affemblées; & feront tenus lefdits Sieurs d'affifter au Convoi, Service & Enterrement du Défunt, ayant chacun un cierge à la main, & revêtus en la maniere ordinaire de la Compagnie. Il fera porté par le Clerc de ladite Compagnie le gros Cierge allumé aux Convois, immediatement à la tête du Corps, & toute la Compagnie fuivra chacun en fon rang de réception, mais differemment aux autres cérémonies; car le dernier reçu doit marcher le premier & les autres enfuite, & Monfieur le Doyen ou fon Reprefentant en cas d'abfence, le dernier; & après Meffieurs les Parens ou Héritiers fuivront. Ceux qui fe trouveront abfens feront déchûs de leur droit

de

de préfence, à moins qu'ils ne fuffent détenus au lit
malade, ou infirmité d'âge, ou Emplois publics,
comme place d'Echevin ou Conful, auquel cas ils
feront réputez préfens, & leur droit de préfence
leur fera confervé.

X I.

Après le déceds de l'un des Confreres, comme il
eft ci-deffus, la Veuve du Défunt ou les Parens,
feront tenus d'aller chez l'un defdits Sieurs Maîtres
en charge, pour leur demander le Service de leur
Epoux ou Pere défunt, lefquels Sieurs Maîtres en
charge fe chargeront de voir le R. P. Tréforier de
ladite Abbaye de fainte Géneviéve, pour faire dire
& célébrer un Service pour le repos de l'Ame dudit
Défunt, & feront avertir la Compagnie par des Billets imprimez portez par le Clerc, pour fe rendre
au jour pris pour le Service à fainte Géneviéve, où
la Veuve, Parens & Héritiers, feront priez de fe
trouver, où il y aura des bancs deftinez pour les
placer dans le Chœur. Il y aura après le Service le
droit de préfence à ceux qui s'y feront trouvez.

X I I.

Meffieurs les Confreres feront obligez de fe trouver à la Meffe en habit ordinaire, c'eft-à-dire, en
manteau & rabat, les jours ci-après défignez; fçavoir,
le 28. Octobre jour de la Tranflation des Reliques de
fainte Géneviéve, & le 26. Novembre jour du Mi-
racle des Ardens; dans la Chapelle de ladite Compagnie, & la veille du premier Dimanche de l'An-

B

née , aux premieres·Vêpres de la Fête de ladite Compagnie , dans lefquels trois jours d'obligation il y aura droit de préfence pour leur affiftance.

. Lefdits Sieurs Confreres font auffi obligez de fe trouver le Dimanche dans l'Octave de fainte Généviéve à huit heures & demi précifes , pour affifter à l'Office, Proceffion & Grand'-Meffe folemnelle, qui fera célébrée au Chœur de ladite Eglife pour la Compagnie, & où l'on fera en état de recevoir la fainte Communion de la main du Célébrant. Ledit Office fera du jour , à l'exception de la Meffe , qui fera de fainte Géneviéve , lorfque le jour des Rois n'arrivera pas le Dimanche ; car pour lors l'Office fe fera du jour des Rois entierement, à laquelle tous les Confreres affifteront & communieront immediatement après les Chanoines Réguliers. Il fera offert à cette Meffe le Pain beni par l'Epoufe , Fille ou Parente du Maître en charge comptable fuivant l'ancien ufage, où tous les Confreres fuivront pour donner chacun leur offrande fuivant leur rang de réception. Après l'Office, l'on ira à la Salle de la Maifon, en attendant l'heure du dîner qui fera au Réfectoire , avec le Révérendiffime Pere Général, & les principaux Chanoines Réguliers de ladite Maifon ; & le Réfectoire fini , l'on s'en retournera au Chœur pour entendre les Vêpres , lefquels étant finis , chacun s'en retournera en fa maifon.

Et le quatorziéme de Janvier , lendemain de l'O-

ctave de ſainte Géneviéve, l'on aſſiſtera en manteau & rabat à la Meſſe de *Requiem*, qui ſera célébrée dans ladite Egliſe pour le repos des Ames des
défunts Confreres qui nous ont précédez, & enſui-
te l'on ira à la Salle ordinaire où ſera reçu le Com-
pte du Sieur Maître en charge, tant de Recette
que de Dépenſe qu'il aura faite pendant l'année.

Lorſqu'on fera la deſcente de la Chaſſe de ſainte
Géneviéve, & que la Compagnie en ſera avertie,
Meſſieurs les Maîtres en charge ſe donneront la
peine de faire faire tout ce qui ſera néceſſaire pour
ce ſujet, & pour l'ordre que l'on doit tenir devant &
dans le cours de la Proceſſion. Ils feront avertir
les autres Confreres de ce qu'ils doivent faire, & de
la maniere dont ils doivent être revêtus; ſçavoir,
d'une eſpece de robe blanche avec une aube unie de
fine toile ou à dentelle, s'ils le peuvent; une cein-
ture de fil blanc comme un Eccleſiaſtique, un petit
rabat & une perruque d'Abbé, une couronne de
fleurs blanches ſur la tête, qui leur ſera fournie par
ladite Compagnie, un chapelet blanc & pieds nuds,
& un cierge de cire blanche à la main, que Meſſieurs les Maîtres en charge auront ſoin de fournir
pour ce ſujet auſſibien que le grand Cierge, qui
ſera porté par le dix-ſeptiéme de la Compagnie,
qui eſt le premier des vingt-quatre Attendans, qui
eſt exempt d'entrer en charge, tant qu'il eſt le dix-
ſeptiéme, & relevé au cas de néceſſité par le dernier reçu.

B ij

Il est d'usage que Messieurs les Abbé, Prieur & Chanoines Réguliers de l'Abbaye de sainte Géneviéve, donnent à la Compagnie des Quarante Porteurs de la Châsse, deux chambres particulieres aux occasions des Descentes & Processions générales de la Châsse de sainte Géneviéve, pour les vêtir au rétour de la Procession.

Plus, lesdits Confreres font dire tous les Dimanches de l'année une Messe basse, où ils sont priez, s'il y viennent, d'être en manteau & rabat; sçavoir, en Eté, à sept heures & demi du matin; & en hyver, à neuf heures précises.

S'il se rencontroit quelqu'un dans ladite Compagnie, qui par malheur vint à faire faillite, il sera rayé du Tableau.

Vû par Nous les présens Statuts & Reglemens, & la Requête présentée par Messieurs les Porteurs de la Châsse de sainte Géneviéve à fin de confirmation, Nous avons lesdits Statuts & Reglemens loüez, approuvez & confirmez, loüons, approuvons & confirmons, pour être executez selon leur forme & teneur, en foi de quoi Nous les avons signez, & fait sceller du Sceau des Armes de notredite Abbaye de sainte Geneviéve. Fait à Paris le quatriéme Décembre mil sept cent trente.

Fr. DE RIBEROLLES, Abbé
de sainte Géneviéve.

F. Sutaine, Prieur.

F. Gervaix, Soûprieur.

F. Audinot, Grand-Chantre, & Chapelain de la Compagnie.

Raveneau, Tréforier de l'Eglife de fainte Géneviéve.

F. De Boirvaux, Procureur Général de la Congregation de France.

Mennessier, Curé de faint Etienne.

F. P. Charpentier, Procureur de l'Abbaye.

F. Le Gay, Sacriftain.

F. Reynaud, Aumônier.

F. Sorin, Secretaire.

Et fcellé du grand Sceau de Cire rouge.

JESUS-MARIA.

Sancta Maria Virgo Virginum,   ora pro nobis.
Sancte Dionysi Parisiorum Apostole, ora pro nobis.
Sancta Genovefa Parisiorum Patrona, ora pro nobis.

Noms & surnoms des Porteurs de la Châsse de sainte Géneviéve, qui est composée de seize Porteurs & vingt-quatre Attendans, pour faire le nombre entier de quarante Confreres Porteurs de la Châsse de sainte Géneviéve, qui jusqu'à présent sont & ont été tous Bourgeois & natifs de Paris suivant l'Institution ; qui pour la plûpart ont passé les Charges & honneurs des Six Corps des Marchands de cette Ville; mais sur tout, celle d'avoir été Echevins de cette Ville de Paris, du Consulat, du grand Bureau des Pauvres, ce qui les distingue des autres Assemblées.

PREMIEREMENT.	*Réceptions.*
1 LOUIS JOSSE, *Doyen.*	1684
2 Etienne Maigret.	1698
3 Bon Delavigne.	1698
4 Constantin Perier.	1701
5 Jean Duquesnoy.	1704
6 Henry Charpentier.	1709
7 Jean-Baptiste Sauvage.	1709
8 Jean-Baptiste Bougier.	1709
9 Marin-Jacques le Loutre.	1709
10 Jean-François Bouquet.	1709
11 Philippe Pezart.	1710

12	Claude Guillaume.	1711
13	Michel Pincemaille.	1711
14	Nicolas Lory.	1712
15	Pierre-Jacques Coucicault.	1712
16	Loüis Pincemaille.	1715
17	François-Albert Mocquet.	1719
18	Nicolas Dufrayez.	1719
19	Claude-Denis Cochin.	1719
20	Michel David.	1719
21	Chriſtophe David.	1719
22	Jean Guy.	1719
23	Jean-Claude Joanneau.	1720
24	Charles Thomas.	1721
25	Claude Croſnier.	1723
26	Nicolas Vollant.	1723
27	Michel Genard.	1725
28	Pierre-François Duboc.	1725
29	Jean-Baptiſte Stocard.	1725
30	Antoine Guillaume.	1726
31	Loüis-Nicolas De Saint Paul.	1726
32	Jean-Adrien Hugault , l'aîné.	1726
33	Claude Hugault.	1726
34	Etienne-Chriſtophe Camuſat.	1726
35	Pierre le Dreux.	1730
36	Philippe Dehargne , l'aîné.	1730
37	Nicolas le Roy.	1730
38	Claude-Simon Guyard.	1730
39	Loüis Guyard , le jeune.	1730
40	René Dehargne , le jeune.	1730

JEAN DUQUESNOY,
LOÜIS PINCEMAILLE, } *en charge.*

R. Jereſme , Clerc de Meſſieurs les Porteurs de la Chaſſe.
Imprimé le 16. Décembre 1730.

De l'Imprimerie de J. B. LAMESLE , ruë vieille Bouclerie , à la Minerve.